AF613790

NOVVELLE METHODE
POVR APPRENDRE
facilement, & en peu de temps

LA LANGVE LATINE,

CONTENANT

LES RVDIMENTS

ET

LES REGLES

DES GENRES, DES Declinaisons, des Preterits, de la Syntaxe, & de la Quantité.

MISES EN FRANÇOIS, AVEC vn ordre tres-clair & tres-abregé.

DEDIE'E AV ROY,

A PARIS,
Chez Antoine Vitré, Imprimeur ordinaire du Roy, de la Reyne Regente, Mere de sa Majesté, & du Clergé de France.

M. DC. XLIV.

Avec Priuilege du Roy.

AV ROY.

IRE,

Ayant imprimé cette nouuelle Methode, qui propoſe auec vne clarté & vne facilité toute particuliere les premiers principes de la langue Latine, I'ay creu que VOSTRE MAIESTE' *n'auroit pas deſagreable le profond reſpect auec lequel ie la luy preſente. Ie n'ignore pas que cét Ouurage pourra paroiſtre d'abord de peu d'importance; mais i'ay peine à n'en conceuoir pas vne opinion plus auantageuſe, lors que ie conſidere qu'il pourra eſtre vtile à l'inſtruction du premier Roy du mon-*

de, & du Fils aiſné de l'Egliſe. Et j'oſe me flatter de cette eſperance, que ſi on en veut iuger par luy-meſme, il ne paroiſtra peut eſtre pas tout à fait indigne d'eſtre honnoré de la bienueillance de V. M. Car il eſt comme la porte, par laquelle elle peut entrer ſans peine, dans la connoiſſance de cette langue, qui eſtoit autrefois la plus glorieuſe de toutes, eſtant celle d'vn peuple, qui s'eſt rendu maiſtre de tout le monde; & qui eſt deuenuë maintenant Saincte & Sacrée, puis que c'eſt elle qui entretient auiourd'huy le commerce diuin du Ciel & de la Terre, & que c'eſt par elle que Dieu parle aux hommes & les hommes à Dieu, dans la celebration de nos Myſteres. Cette Methode, SIRE, pourra eſtre d'autant plus vtile à V. M. qu'elle peut eſtre beaucoup eſclaircie par celuy à qui la Reyne Voſtre Mere, ayant confié l'inſtruction de Voſtre Perſonne Sacrée, a fait loüer à tout le monde la prudence & la iuſtice de ce choix, par lequel elle *a sceu discerner parmy tant d'autres, celuy qui estoit si digne de l'honneur & de l'importance de cette charge. Et comme toute la France a veu auec joye vne eslection si auantageuse à Vostre Education Royale, elle espere aussi auec raison, que la suffisance & la lumiere d'vn si Sage Conducteur, imprimera dans l'Esprit de V. M. des qualitez vrayement dignes d'vn grand Monarque, qui la releueront autant au dessus des autres Princes par la noblesse & la generosité de ses pensées, qu'elle est esleuée au dessus des personnes communes, par sa souueraineté & par sa puissance. Mais parce que les plus grandes choses ont souuent vne dependence & vne connexion necessaire auec les plus petites, qui leur doiuent seruir de fondement, ie me tiendray trop heureux si ce petit Liure peut contribuer en quelque façon à vn si important Ouurage, comme ne pouuant receuoir vn plus grand honneur, que de trouuer vne occasion de tesmoigner par*

AV ROY.

quelque ſeruice, l'affection ſincere, & la reuerence reſpectueuſe, auec laquelle ie ſuis

SIRE,

de V. M.

Tres-humble, tres-obeïſſant, & tres-fidelle ſujet & ſeruiteur
ANTOINE VITRÉ.

Extraict du Priuilege du Roy.

PAR grace & Priuilege du Roy, il est permis à Antoine Vitré son Imprimeur ordinaire, de la Reyne Regente Mere de sa Majesté, & du Clergé de France, d'imprimer, ou faire imprimer, vendre & debiter par tel Imprimeur ou Libraire qu'il voudra, *La Nouuelle Methode pour apprendre la langue Latine facilement, & en peu de temps : Comprenant les Rudimens, mis en vn ordre tres-court & tres-aisé; Et les Regles des Genres, des Declinaisons, des Preterits, de la Syntaxe, & de la Quantité.* Et par les mesmes Lettres defenses sont faites à tous Marchands Libraires, Imprimeurs, & autres, de les faire imprimer, vendre ny debiter en quelque sorte que ce soit, sinon du consentement dudit Vitré, & ce durant le temps de treize ans entiers, à peine de quinze cens liures d'amende, & de confiscation de tous les Exemplaires, comme le contient plus amplement ledit Priuilege, donné à Fontainebleau le 17. Septembre 1644. Signé, Par sa Majesté en son Conseil, COLLOT. Et scellé.

Acheué d'imprimer pour la premiere fois, le 4. Nouembre 1644. & les Exemplaires fournis selon la volonté du Roy.

Fautes suruenuës en l'Impression.

Les plus importantes, qu'on prie le Lecteur de corriger auant que de lire.

Page 37. Regle XXII. Pupes, *lisez* Pubes. pag. 55. l. 24. *Mensis*, Abl. *Mensi*, lis. *Mense*. Et rapportez ce Nom à la Regle LI. p. 58. R. LIII Ius, Mos, *lis.* Ius, Mus. p. 59 l. 4. *Vis, viris*, lis. *Vis, vis, vim*. p. 74. l. 13. didisci, *lis.* didici La mesme l. 14. dedidisci, *lis.* dedidici p. 100. l. 15. *acheuer d'estre*, lis. *acheuer d'escrire*. Ibidem, *adjoustez*, Proscribo, psi, ptum, ere, *proscrire quelqu'vn*. p. 142 l. 4 litum & leui, *lis* litum & liui. p. 166. l. 19 Ordior ortus, *lis* Ordior orsus p. 176 l. 13. *Pompeius imperij*, lis. *Pompeius quod imperij* p. 183 l 24. se met au Genitif, *adjoustez* ou à l'Ablatif. p. 204. l 28 l'Ablatif. *lis.* l'Accusatif. p. 242. *l. penul.* Peculis, *lis.* Pecudis p. 527. en la figure des Pieds – ˘ – Anapeste *marquez ainsi* ˘ ˘ – Anapeste, *Pĭĕtās* *Pĭĕtās.*

Les moins importantes.

Page 14. l. 13. *lebes aureus*. lis. æreus. p. 16. l. 12. *Nullius, nulli*, lis. vllius, vlli. p. 122. és trois dernieres lig. *lis.* detrusi, extrusi, intrusi p. 124. l. 15. auec deux, *lis.* auec deux SS. p. 126. l. 27. infictum, *lis.* infixum. p. 128. lig. 5. Perstringo, *lis.* Distringo. p. 138. *l. penul.* assumpti, *lis.* assumpsi. p. 142 l 12. constractum, *lis* constratum. *La mesme* l. 13. destractum, *lis.* destratum. p. 143. Reg. LI. sstrepui, *lis.* strepui. *La mesme* excersi, *lis.* excerpsi. p. 144. l 15. Inculpo, &c. *lis.* Insculpo, insculpsi, insculptum, insculpere p 160. l. 20 assentire, *lis* assentiri. *La mesme*, l. 21. *estre enuironné*, lis. estre enroüé. La mesme l. penul. deux autres, *lis.* trois autres p. 166. l 13. Quereor, *lis.* Queror. p. 173. Perfacio, *lis* perficio p. 185. l. 4. Tenax positi, lisez *Tenax propositi*. La mesme, *Religiorum*, lis. *Religionum*. p. 196. l 1. qu'il a, *lis.* qu'il y a. p. 198. on dit *Lutetiam*, lis. on dit *it Lutetiam*. p 206. l. 19. *effacez ces mots*, de ses miseres; & les remettez en la lig. 22. *quelqu'vn de ses miseres*. p. 211. l. 5. *Ad quitum*, lis. ad quintum. La mesme l. 16. de pierre, *lis.* de pierres. p 225. l. 10. prætegit, *lis.* protegit. p. 226. l. 1. *disertas*, lis. disertus. La mesme l. penul. en quelques-vns est, lis. Pro est. p. 241. l. 20. *Cerces*, lis. *Ceres* La mesme l. 21. *legetis*, lis. segetis p. 245. l. 10. *Vibex, vibecis*, lisez *vibicis*. La mesme l. 23. *eritis*, lis. *ericis*. p. 248. *vadĕ*, marquez *vadĕ* bref. p. 257. l. 5. cette cy, *lis.* celle-cy. p. 263. *l. antepen.* qui doiuent. *Ostez* qui. La mesme, cette regle, *lis* que cette regle.

LES RVDIMENS DE LA LANGVE LATINE.

DES PARTIES D'ORAISON.

IL y a huict sortes de mots qui peuuent entrer dans le discours, & qui en sont comme les parties; sçauoir le Nom, le Pronom, le Verbe, l'Aduerbe, le Participe, la Conjonction, la Preposition, & l'Interjection.

De toutes ces parties, il y en a deux principales; sçauoir le Nom, qui marque les choses; & le Verbe, qui exprime les Actions.

Pour les autres, ou elles ont quelque rapport à ces deux-cy, ou elles ne seruent que pour les joindre ensemble, & specifier ou determiner leur signification.

DV NOM.

Le Nom est vn mot qui se decline par nombre & par cas, & sert à nommer quelque chose; comme DOMINVS, DOMINI, DOMINO, *&c. Le Seigneur, du Seigneur, au Seigneur*, &c.

Il y a deux sortes de Noms, le Substantif, & l'Adjectif.

Le Substantif est celuy qui signifie la chose; comme ces mots, DOMINVS, *Seigneur*; PATER, *Pere*; MAGISTER, *Maistre*.

L'Ajectif est celuy qui signifie la maniere, ou de

quelle façon est la chose; comme quand on dit le Seigneur est *grand*; le Pere est *bon*, le Maistre est *doux*.

Toutes les fois que l'on peut adjouster ce mot (CHOSE) auec vn Nom, il est Adjectif: Exemple; ROVGE est vn Adjectif, car on dit bien *chose rouge*: mais SEIGNEVR est vn Substantif, car on ne peut pas dire *chose Seigneur*.

Il y a trois Genres principaux, le Masculin, comme HIC DOMINVS, *le Seigneur*; le Femin, comme HÆC MVLIER, *la femme*; le Neutre, comme HOC TEMPLVM, *le Temple*.

On peut y adjouster le Commun & le Douteux, qui en comprennent deux de ceux-là, comme *hîc & hæc Homo*, l'homme & la femme: *Hic aut hoc vulgus*; le menu peuple.

Il y a deux nombres, le Singulier qui ne s'entend que d'vn seul; comme DOMINVS, *le Seigneur*: & le Plurier qui s'entend de plusieurs; comme DOMINI, *les Seigneurs*.

Il y a six Cas ou changemens de determinaisons; le Nominatif, le Vocatif, le Genitif, le Datif, l'Accusatif, & l'Ablatif.

Il y a cinq Declinaisons, qui sont toutes distinguées par leur Genitif; comme on peut voir dans les Exemples des Noms.

ADVERTISSEMENT

L'on peut icy remarquer pour la facilité des Declinaisons suiuantes.

1. Que l'Ablatif Singulier se forme tousiours de l'Accusatif en retranchant l'*M*, comme de *Musam*, Ablatif *Musa*; de *Patrem* Abl. *Patre*. Hormis en la seconde Declinaison, ou l'V qui reste apres *l'N* se change en O, comme de *Dominu-m* Ablatif *Domino*.

2. Que l'Accusatif plurier se forme tousiours de celuy du

Singulier changeant M, en S, comme de *Musam*, se fait *Musa*: Hormis encore ceux de la seconde, où l'V se change en O, comme de *Dominum*, *Dominos*.

3. Que le Vocatif est semblable au Nominatif, tant au Plurier qu'au Singulier.

4. Que le Datif & l'Ablatif Pluriers sont tousiours semblables, & se terminent en IS dans la premiere & seconde Declinaison, & en BVS dans les trois autres.

5. Que le Nominatif, le Vocatif & l'Accusatif pluriers sont tousiours semblables dans la troisiesme, quatriesme, & cinquiesme Declinaison.

6 Que les Noms neutres ont l'Accusatif & le Vocatif semblables au Nominatif, en toutes sortes de Declinaisons : Et qu'au Plurier ils ont tousiours ces trois Cas terminez en A.

Si quelqu'vn sans se peiner trop à retenir ces petites obseruations, prend la peine de les voir seulement, & les conferer sur le papier auec les Noms suiuans, il reconnoistra la facilité que cela luy donnera, de soulager sa memoire par le iugement, iusques dans ces moindres principes. Quoy que cecy ne soit pas tant pour les Enfans, que pour les personnes auancez en âge ou en iugement.

ADVERTISSEMENT.

En toutes ſortes de Noms, en François on ne change que l'Article, c'eſt pourquoy nous nous contenterons de mettre ſeulement la ſignification au deſſus, & d'adiouſter l'Article François à chaque Cas; Et nous le mettrons icy tout au long, non tant pour obliger les enfans de l'apprendre, que pour leur faire voir toute à la fois les marques & les differences de chaque Cas François pour y auoir recours.

L'ARTICLE FRANCOIS.

LE SINGVLIER.

N. *Le, la, vn, vne.*

Le Vocatif n'a point d'Article, mais quelquefois on y met cette particule O.

G. *Du, de, de la, d'vn, d'vne.*
D. *A, au, à la, à vn, à vne.*
Acc. *Le, la, l'vn, l'vne.*
Abl. *Du, de, de la, d'vn, d'vne, par, auec.*

LE PLVRIER.

N. *Les.*

G. *Des.*
D. *A, aux.*
Acc. *Les.*
Abl. *De, des, par, auec.*

LES DECLINAISONS DES NOMS.

LA PREMIERE DECLINAISON.

MVSA *Feminin.*

LE SINGVLIER.

Nom. Voc.	Mus- a	*la Muse.*
Genitif	Mus- æ	*de la Muse.*
Datif	Mus-æ	*à la Muse.*
Accusatif	Mus- am	*la Muse.*
Ablatif	Mus- â	*par la Muse.*

LE PLVRIER.

Nom. Voc.	Mus- æ	*les Muses.*
Genitif	Mus- ârum	*des Muses.*
Datif	Mus- is	*aux Muses.*
Accusatif	Mus- as	*les Muses.*
Ablatif	Mus- is	*par les Muses.*

ADVERTISSEMENT.

Ie passe les Noms Grecs, pour ne point embroüiller les Enfans: Neantmoins on peut remarquer icy que ceux qui sont en E font le Genitif en ES, & l'Accusatif en EN, comme *Penelope, penelopes penelopen.*

LA SECONDE DECLINAISON.

DOMINVS, *Masculin.*			TEMPLVM, *Neutre.*		
LE SINGVLIER.			LE SINGVLIER.		
	Seigneur.			*Temple.*	
N.	Dómin-us;	*le.*	N.	Templ-um;	*le.*
V.	Dómin-e;		V.	*Comme le Nominatif.*	
G.	Dómin-i;	*du.*	G.	Templ-i;	*du.*
D.	Dómin-o;	*au.*	D.	Templ-o;	*au.*
Ac.	Dómin-um;	*le.*	Ac.	*Comme le Nominatif.*	
Abl.	Dómin-o;	*par le.*	Abl.	Templ-o;	*par le.*
LE PLVRIER			LE PLVRIER.		
	Seigneurs.			*Temples.*	
N.V.	Dómin-i;	*les.*	N.V.	Templ-a;	*les.*
G.	Domin-órum;	*des.*	G.	Templ-órum;	*des.*
D.	Dómin-is;	*aux.*	D.	Templ-is;	*aux.*
Acc.	Dómin-os;	*les.*	Acc.	*Comme le Nominatif.*	
Abl.	Dómin-is;	*par les.*	Abl.	Templ-is;	*par les.*

MAGISTER, *Masculin.*			VIRGILIVS, *Masculin.*		
	Maistre.			*Virgile.*	
N.V.	Magíst-er;	*le.*	N.	Virgíl-ius;	
G.	Magíst-ri;	*du.*	V.	Virgíl-i;	
D.	Magíst-ro;	*au.*	G.	Virgíl-ij;	*de.*
Ac.	Magíst-rum;	*le*	D.	Virgíl-io;	*a.*
Abl.	Magíst-ro;	*par le.*	Acc.	Virgíl-ium;	
Le Plurier & le reste, comme Dóminus.			Abl.	Virgíl-io;	*par.*

Quelques Noms en ER, *retiennent* E *par tous les Cas comme* Puer, pueri, puero, &c.

DES NOMS ADIECTIFS.

Les Adjectifs qui ont trois terminaisons, sont de la premiere pour le Feminin, & de la seconde pour le Masculin & le Neutre; & se declinent ainsi.

LE SINGVLIER.

	Le Masculin. *comme* Dóminus.	Le Feminin. *comme* Musa.	Le Neutre. *comme* Templum.
	Bon.	*Bonne.*	*Bon.*
Nom.	Bon-us.	Bon-a.	Bon-um.
Voc.	Bon-e.	Bon-a.	Bon-um.
Gen.	Bon-i	Bon-æ.	Bon-i.
Dat.	Bon-o.	Bon-æ.	Bon-o.
Accu.	Bon-um.	Bon-am	Bon-um.
Abl.	Bon-o.	Bon-â.	Bon-o.

LE PLVRIER.

	Bons.	*Bonnes.*	*Bons.*
N. V.	Bon-i.	Bon-æ.	Bon-a.
G.	Bon-órum.	Bon-árum.	Bon-órum.
D.	Bon-is.	Bon-is.	Bon-is.
Ac.	Bon-os.	Bon-as.	Bon-os.
Abl.	Bon-is.	Bon-is.	Bon-is.

ADVERTISSEMENT.

Nous auons mis icy cét Adjectif tout au long, pour seruir de regle à tous les autres, tant Noms que Participes : Neantmoins il n'est pas necessaire de les faire decliner aux enfans tout ensemble par les trois Genres ; mais separément. Ce qui leur sera beaucoup plus aisé.

Mais remarquez qu'il y a de ces Adjectifs qui ont le Masculin en ER, comme *Asper, aspera, asperum; Niger, nigra, nigrum.*

LA TROISIEME DECLINAISON.

PATER, *Masculin.*			CUBILE, *Neutre.*		
Le Singulier.	*Pere.*		Le Singulier.	*Lict.*	
N. V.	Pat-er;	*le.*	N. V.	Cubil-e;	*le*
G.	Patr-is;	*du.*	G.	Cubil-is;	*du.*
D.	Patr-i;	*au.*	Dat.	Cubíl-i:	*au.*
Ac.	Patr-em;	*le.*	Ac.	*Comme le Nominatif.*	
Abl.	Patr-e;	*par le.*	Abl.	Cubíl-i;	*par le.*
LE PLVRIER.	*Peres.*		LE PLVRIER.	*Licts.*	
N. V.	Patr-es;	*les.*	N. V.	Cubíl-ia;	*les.*
G.	Patr-um;	*des.*	G.	Cubíl-ium;	*des.*
D.	Pátr-ibus;	*aux.*	Dat.	Cubíl-ibus:	*aux.*
Acc.	Patr-es;	*les.*	Ac.	*Comme le Nominatif.*	
Abl.	Pátr-ibus;	*par les.*	Abl.	Cubíl-ibus;	*par les.*

DIGNITAS, *Feminin.*			TEMPVS, *Neutre.*		
Le Singulier.	*Dignité.*		Le Singulier.	*Temps.*	
N. V.	Dignit-as;	*la.*	N. V.	Temp-us;	*le.*
G.	Dignitát-is;	*de.*	G.	Tempor-is;	*du.*
D.	Dignitát-i;	*à la.*	D.	Tempor-i:	*au.*
Ac.	Dignitát-em:	*la.*	Ac.	*Comme le Nominatif.*	
Abl.	Dignitát-e;	*par la.*	Abl.	Tempor-e;	*par le.*
LE PLVRIER.	*Dignitez.*		LE PLVRIER.	*Temps.*	
N. V.	Dignitát-es;	*les.*	N. V.	Tempor-a;	*les.*
G.	Dignitát-um;	*des.*	G.	Tempor-um	*des.*
Et le reste, comme Pater.			*Et le reste, comme* Cubile.		

LES ADIECTIFS DE LA TROISIESME.

FOELIX *de tout Genre.*	OMNIS, & OMNE. *M. & F.* *N.*
LE SINGVLIER. *Heureux.*	LE SINGVLIER. *Tout.*
N. V. Fœli- x.	N. V. Omn- is & omn- e.
G. Fœlíc- is.	G. Omn- is.
D. Fœlíc- i.	D. Omn- i.
Ac. Fœlíc- em Fœl- ix.	Ac. Omn- em & omn- e.
Abl. Fœlíc- e & Fœlíc- i.	Abl. Omn- i.
LE PLVRIER.	LE PLVRIER.
N. V. Fœlíc- es & Fœlíc ia.	N. V. Omn es & ómn ia.
G. Fœlíc ium.	Gen. Omn- ium.
D. Fœlíc ibus.	Dat. Omn- ibus.
Acc. Fœlî ces & Fœlíc ia.	Ac. Omn- es & ómn- ia.
Abl. Fœlíc ibus.	Abl. Omn- ibus.

PRVDENS *de tout Genre.*	FORTIOR, FORTIVS. *M. & F.* *N.*
LE SINGVLIER. *Prudent.*	LE SINGVLIER. *Plus fort.*
N. V. Prude- ns.	N. V. Fórt- ïor & ius.
G. Prudént- is.	G. Fortiór- is.
D. Prudént- i.	D. Fortiór- i.
Ac. Prudént em; Prude- ns	Ac. Fortiór- em fort- ïus.
Abl. Prudént e; *&c.* i.	Abl. Fortiór- e & i.
LE PLVRIER.	LE PLVRIER.
N. V. Prudént es & ïa.	N. V. Fortiór es, & a.
G. Prudént- um.	G. Fortiór- um.

Le reste comme les Noms precedents.

Où vous remarquerez que ces Adjectifs se declinent comme les Substantifs, sinon que pour le Neutre; ils ont leur trois Cas semblables.

LA QVATRIESME DECLINAISON

FRVCTVS.
Masculin.

LE SINGVLIER.

Fruit.

N. V.	Fruct-us;	*le.*
G.	Fruct-us;	*du.*
D.	Frúct-ui;	*au.*
A.	Fruct-um;	*le*
A.	Fruct-û;	*du.*

LE PLVRIER.
Fruits.

N. V.	Fruct-us;	*les.*
G.	Frúct-üum;	*des.*
D.	Frúct-ibus;	*aux.*
Ac.	Fruct-us;	*les.*
A.	Frúct-ibus;	*des.*

IESVS.
Le nom propre de Nostre Sauueur fait l'Accusatif en VM, & les autres Cas en V.

Les Noms en V; comme *Cornu*, ne se declinent point au Singulier, mais au Plurier ils se declinent ainsi.

CORNV *Neutre.*

LE PLVRIER.
Cornes.

N. V.	Córnüa;	*les.*
G.	Córnüum;	*des.*
D.	Córn ibus;	*aux.*
A.	*Comme le Nominatif.*	
A.	Córn ibus;	*des.*

LA CINQVIESME DECLINAISON.

DIES.

LE SINGVLIER.
Masculin & Feminin.

Iour.

N. V.	Di-es;	*le.*
G.	Di-ei;	*du.*
D.	Di-ei;	*au.*
Ac.	Di-em;	*le.*
Abl.	Di-e;	*le.*

LE PLVRIER.
Masculin.

Iours.

N. V.	Di-es;	*les.*
G.	Di-érum;	*des.*
D.	Di-ébus;	*aux.*
Ac.	Di-es;	*les.*
Abl.	Di-ébus;	*les.*

LES NOMS DE NOMBRE.

DVO.

PLVRIER.

	M. deux.	*F.* deux.	*N.* deux.
N.V.	Duo	Duæ.	Duo.
G.	Duórum.	Duárum.	Duórum.
D.	Duóbus.	Duábus.	Duóbus.
Ac.	Duo, *vel* Duos,	Duas.	Duo.
Abl.	Duóbus.	Duábus.	Duóbus.

TRES.

PLVRIER.

	Trois,	*Trois.*
N. V.	Tres	& Tria.
G.	Trium.	
D.	Tribus.	
Ac.	Tres	& Tria.
Abl.	Tribus.	

Declinez AMBO, AMBÆ, AMBO; *deux*, comme DVO. Les autres Noms de nombres, depuis Quatre iuſques à Cent sõt indeclinables: *Quátuor*, quatre; *Quinque*, cinq; *Sex*, ſix; *Septem*, ſept; *Octo*, huict; *Nouem*, neuf; *Decem*, dix; *Vndecim*, vnze; *Duódecim*, douze; *Trédecim*, treize; *Quatuórdecim*, quatorze; *Quindecim*, quinze; *Séxdecim*, ſeize; *Sptémdecim*, dix-ſept; *Octódecim*, dix-huict; *Nouémdecim*, dix-neuf; *Viginti*, vingt; *Viginti-vnum*, vingt & vn; *Viginti duo*, vingt & deux; *Viginti tres*, vingt & trois, &c. *Triginta*, trente; *Quadraginta*, quarante; *Quinquaginta*, cinquante, &c.

DE LA COMPARAISON des Noms Adjectifs.

Les Noms Adjectifs ont trois degrez de cōparaiſon.

Le Poſitif, qui ſignifie quelle eſt la choſe ſimplement; comme MAGNVS, *grand.*

Le Comparatif, qui fait comparaiſon entre les choſes, & augmente la ſignification du Poſitif; comme MAIOR *plus grand que.*

Le Superlatif, qui ſignifie la maniere de la choſe, a vn degré ſupréme & auec excez, comme MAXIMVS *tres-grand,* ou *le plus grand.*

Le Comparatif ſe connoiſt en François, quand il y a *PLVS* deuant le nom Adjectif, & *QVE* apres le meſme nom; comme *plus* ſaint *que*; SANCTIOR Le Superlatif ſe connoiſt en François, quand il y a *TRES,* ou *LE PLVS,* comme *Tres-Saint,* ou *le plus Saint*; SANCTISSIMVS.

Mais on ſe peut ſeruir de l'Aduerbe *Magis* auec le Poſitif, au lieu du Comparatif, & de *Máxime* au lieu du Superlatif; comme MAGIS SANCTVS *plus Saint,* MAXIME SANCTVS, *tres Saint.*

D'OV SE FORMENT LES COMPARATIFS & Superlatifs?

Les Comparatifs ſe forment du Cas qui finit en I, en adjouſtant OR, pour le Maſc. & Fem. & VS pour le Neutre; comme *Sanctus,* Genitif *Sancti,* *Sánctior* & *Sánctius* plus Saint. *Fortis,* Datif *forti*; *Fórtior* & *fórtius,* plus fort.

Le Superlatif ſe forme du meſme Cas, en adjouſtant *SSimus* auec deux SS : comme du Genitif *Sancti*, *Sanctiſſimus*, tres-Saint; du Datif *Forti*, *fortiſſimus*, tres-fort.

EXCEPTIONS POVR LES SVPERLATIFS.

1. Les Adjectifs terminez en ER, forment leur Su-

perlatif en adjouſtant *Rimus*, comme *Tener*, tendre; *Tenérrimus*, tres-tendre; *Pulcher*, beau; *pulchérrimus*, tres-beau.

2. *Fácilis*, facile; *Grácilis*, greſle & menu; *Húmilis*, humble, vil & abject; *Imbecíllis*, imbecile; *Símilis*, ſemblable; font leur Superlatif en changeant IS en *limus*; *Facíllimus*, *Gracíllimus*, *Humíllimus*, *Imbecíllimus*, *Simíllimus*.

3. Les Noms finis en VS qui deuant VS ont vne Voyelle n'ont pas d'ordinaire de Comparatif, ny de Superlatif, mais on ſe ſert de *Magis* & de *Máxime*; comme *Idóneus*, propre; *Magis idóneus*, plus propre; *Máxime idóneus*; tres-propre.

On dit neantmoins *Piíſſimus*, tres-pieux; de *Pius*; *Strenuíſſimus*, tres-vaillant, de *Strénuus*; & quelques autres que l'vſage apprendra.

4. Les Noms qui ſont formez des Verbes, *Fácio*, *Dico*, *Volo*, font leur Comparatif en ENTIOR, & leur Superlatif en ENTISSIMVS, comme *Magníficus*, magnifique; *Magnificéntior*, *magnificentíſſimus*. *Malédicus*, meſdiſant, *Meledicéntior*, *maledicentíſſimus*; *Beneuolus*, bien affectioné, *Beneuoléntior*, *beneuolentíſſimus*.

CEVX-CY SE FORMENT IRREGVLIEREMENT.

Bonus, *bon*,	Mélior, *meilleur*.	Optimus, *tres-bon*.
Malus, *mauuais*,	Peior, *plus mauuais*.	Péſſimus, *tres-mauuais*.
Magnus, *grand*,	Maior, *plus grand*.	Máximus, *tres-grand*.
Paruus, *petit*,	Minor, *plus petit*.	Mínimus, *tres-petit*.
Multũ, *beaucoup*.	Plus, *dauantage*.	Plúrimum, *encore dauantage*:

ADVERTISSEMENT.

Il ſuffira pour ceux qui commencent à apprendre le Latin par traduire de Latin en François, de les aduertir que les Noms terminez en *ior*, ou *ius* Neutre, ſont Comparatifs; & que ceux qui ſont terminez en *ſſimus* ou *rrimus*, ſont Superlatifs.

DES PRONOMS.

Les Pronoms ſont des mots qui tiennent la place des Noms ; comme au lieu de dire *Petrus fecit* ; Pierre l'a fait, on met vn Pronom, & on dit ; *Ille fecit*, il l'a fait ; ſçauoir Pierre.

Il y a huict Pronoms qui ſont *Ego, Tu, Sui, Ille, Ipſe, Iſte, Hic, Is*.

Ils n'ont point de Vocatif, hormis *Tu* qui en â vn ; Et ſe declinent ainſi

EGO, *moy*.	TV, *toy* ou *vous*.
Pronom de la 1. perſonne.	Pronom de la 2. perſonne.
LE SINGVLIER.	LE SINGVLIER.
N. Ego ; *moy*, ou *ie*.	N. V. Tu ; *toy*, ou *tu*.
G. Mei ; *de moy*.	G. Tui ; *de toy*.
D. Mihi ; *à moy*, ou *me*.	D. Tibi ; *à toy*
A. Me ; *moy*, ou *me*.	A. Te ; *toy*.
A. Me ; *de moy*, ou *par moy*.	A. Te ; *de toy*.
LE PLVRIER.	LE PLVRIER.
N. Nos ; *nous*.	N. V. Vos ; *vous*.
G. Noſtrum *vel*, Noſtri } *de nous*.	G. Veſtrum *vel*, Veſtri. } *de vous*.
D. Nobis ; *à nous*.	D. Vobis ; *à vous*.
Ac. Nos ; *nous*.	Ac. Vos ; *Vous*.
Ab. Nobis ; *de nous*.	Ab. Nobis ; *de nous*.

SVI, *ſoy*, ou *ſoy-meſme*.

Pronom de la troiſieſme perſonne.

Il n'a point de Nominatif, & ſe decline au Plurier comme au Singulier.

Genitif Sui, *de ſoy*, ou *d'eux-meſmes*.
Datif Sibi, *à ſoy*, ou *à eux-meſme*.
Accuſ. Se, *ſoy*, ou *ſe*, ou *eux-meſmes*.
Ablat. à Se, *de ſoy*, ou *d'eux-meſmes*.

Tous les autres Pronoms ſont auſſi de la troiſieſme perſonne.

ILLE, *il, luy, le, celuy-là*	IPSE; *luy*, *ou luy-meſme.*
Illa, *elle, la, celle-là.*	Ipſa, *elle*, ou *elle-meſme.*
Illud, *ce.*	Ipſum, *luy-meſme.*
LE SINGVLIER.	LE SINGVLIER.
N. Ille, Illa, Illud.	N. Ipſe, Ipſa, Ipſum.
G. Illíus.	G. Ipſius.
D. Illi.	D. Ipſi.
Ac. Illum, Illam, Illud.	Ac. Ipſum, Ipſam, Ipſum.
Abl. Illo, Illa, Illo.	Abl. Ipſo, Ipſa, Ipſo.
LE PLVRIER.	LE PLVRIER.
N. Illi, Illæ, Illa.	N. Ipſi, Ipſæ, Ipſa.
G. Illórum, Illárũ, Illórum.	G. Ipſórũ, Ipſárũ, Ipſórum.
D. Illis.	D. Ipſis.
Ac. Illos, Illas, Illa.	Ac. Ipſos, Ipſas, Ipſa.
Abl. Illis.	Abl. Ipſis.

Declinez de meſme. ISTE, *iſta, iſtud G; iſtíus, D. iſti.*

HIC, *celuy-cy*; Hæc, *celle-cy.*	IS, *celuy-là*, Ea, *celle-là.*
Hoc, *cecy.*	Id, *cela.*
LE SINGVLIER.	LE SINGVLIER.
N. Hic, Hæc, Hoc.	N. Is, Ea, id.
G. Huius.	G. Eius.
D. Hüic.	D. Ei.
Ac. Hunc, Hanc, Hoc.	Ac. Eum, eam, id.
Abl. Hôc, Hâc, Hôc.	Abl. Eo, ea eo.
LE PLVRIER.	LE PLVRIER.
N. Hi, Hæ, Hæc.	N. Iï, eæ, ea.
G. Hórum, Hárũ, Hórum.	G. Eórum, eárum, eórum.
D. His.	D. Eis.
Ac. Hos, Has, Hæc.	Ac. Eos, Eas, Ea.
Ab. His.	Abl. Eis.

La Declinaiſon de QVI & de QVIS auec leurs Compoſez.

SINGVLIER.

Nominatif, Qui *vel*, Quis ; *quel*, *lequel*, ou *qui*.
Quæ ; *quelle*, *laquelle*, ou *qui*.
Quod ; *quel*, *lequel*, ou *qui*.

Genitif	Cuius.
Datif	Cui.
Accuſatif	Quem, Quam, Quod.
Ablatif	Quo, Qua, Quo.

PLVRIER.

Nominatif	Qui, Quæ, Quæ.
Genitif	Quórum, Quárum, Quórum.
Datif	Queis, *vel* Quibus.
Accuſatif	Quos, Quas, Quæ.
Ablatif	Quëis, *vel* Quibus.

ADVERTISSEMENT.

1. QVID n'eſt pas proprement vn Relatif, mais vn Nom Subſtantif, il faut pourtant remarquer qu'il ſe decline ainſi que *Quod cuius*, *cui*, &c.

2. Pour les Compoſez de *Qui* ou de *Quis*, ie mettray ſeulement leur Nominatif, parce qu'ils ſe declinent de meſme que leur Simple, en adjouſtant à chaque Cas la particule dont ils ſont Compoſez; comme *Qui-dam*, *Quæ-dam*, *Quod-dam*, *Cuiuſ-dam*, *Cui-dam*.

Les Compoſez de QVI.

Quicúmque.	Quæcúmque.	Quodcúmque.
Quidam.	Quædam.	Quoddam.
Quilibet.	Quælibet.	Quódlibet.
Quiuis.	Quæuis.	Quoduis.

Les

Les Composez de QVIS, où il est deuant.

Quisnam.	Quænam.	Quodnam.
Quíspiam.	Quæpiam.	Quódpiam.
Quisquam.	Quæquam.	Quodquam.
Quisque.	Quæque.	Quodque.
Quisquis.	&	Quicquid.

Les Composez de QVIS, où il est à la fin.

Aliquis.	Aliqua.	Aliquod.
Ecquis.	Ecqua.	Ecquod.
Nequis.	Nequa.	Nequod.
Siquis.	Siqua.	Siquod.

Ces Composez ont encore quelquefois d'autres Composez; comme

Vnusquísque.	Vnaquæque.	Vnumquódque.
Ecquísnam.	Ecquænam.	Ecquódnam.

DV VERBE.

LE Verbe est vn mot qui signifie *estre*, *agir* ou *patir*, & se coniugue auec diuersité de Nombres, de Personnes, de Temps & de Manieres.

LES NOMBRES.

Il y a deux nombres comme aux Noms; le Singulier qui ne s'entend que d'vn seul, comme AMO, *j'ayme*: Et le Plurier qui s'entend de plusieurs, comme AMAMVS, *nous aymons*.

LES PERSONNES.

Il y a trois personnes. La premiere est celle qui parle; comme EGO AMO, *j'ayme*.

La seconde, est celle à qui on parle, comme TV AMAS, *tu aymes*.

La troisiesme, est celle de qui on parle, comme ILLE AMAT, *il ayme*.

De la seconde personne de chaque temps, on forme aisément toutes les autres, selon l'ordre de cette Table.

POVR L'ACTIF.

as	at	amus	atis	ant
es	et	emus	etis	ent
is	it	imus	itis	unt *pour l'Indicatif.* jnt *pour le Subjonctif.*
isti	it	imus	istis	erunt vel, *pour les Preterits.* ere.

POVR LE PASSIF.

aris	atur	amur	amini	antur
ēris *vel* ēre	etur	emur	emini	entur
ĕris *vel* ĕre	itur	imur	imini	untur
iris *vel* ire	itur	imur	imini	*ou* iuntur. pour les Verbes en io.

LES TEMPS.

Il a cinq temps. Le Present; comme AMO, *i'aime.*

Le Preterit, qui se diuise en trois; sçauoir

L'Imparfait; comme AMABAM, *i'aimois.*

Le Parfait; comme AMAVI, *i'ay aimé.*

Le plus que Parfait; comme AMAVERAM, *i'auois aimé.*

Le Futur ou temps à venir; comme AMABO, *i'aimeray.*

ADVERTISSEMENT.

Entre les Preterits il y a cette difference, que le Parfait marque le temps passé simplement, comme le mot le porte.

L'Imparfait marque vne action comme presente au regard d'vn temps passé dont nous parlons; comme, DVM INTRAVIT LEGEBAM, *ie lisois quand il est entré*: mon action de lire estoit presente au regard de son entrée.

Le Plus que Parfait au contraire, marque vne action desia

passée au regard mesme d'vne chose passée dont nous parlons, comme *Dum intráuit cœnáueram*; quand il est entré, i'auois desia souppé.

LES MODES OV MANIERES.

On appelle dans les Verbes, Modes ou Manieres, les diuerses façons de signifier les actions, & d'exprimer les affections de l'esprit. I'en marqueray quatre principales.

L'Indicatif, qui monstre & represente simplement l'action, comme AMO, *i'aime*.

L'Imperatif, qui sert pour commander, comme AMA, *aimez*.

L'Infinitif, qui de soy ne determine, ny le nombre, ny la personne, comme AMARE, *aimer*.

Le Subionctif qui marque tousiours quelque condition ou la suitte de quelque Verbe; comme AMEM, *que i'aime*. SI PVGNAVERIS, VINCES; *si vous combatez, vous aurez la victoire*.

ADVERTISSEMENT.

Ie me suis contenté de mettre le Subionctif pour comprendre beaucoup d'autres Manieres, comme

Celle qui marque le desir, & que l'on appelle OPTATIF.

Celle qui marque vne façon de conceder les choses, comme *vt non malum sit lúdere pilá tamen*, &c. Encore que ce ne soit pas mal fait de joüer à la bale, si est-ce que, &c *Perfúndat, perdat, péreat, nihil ad me. Ter.* Qu'il despense, qu'il perde, qu'il perisse, cela ne me regarde point.

Celle que l'on resoult par le Verbe *Possum*, ou *Débeo*; comme *Frangas pótius quam córrigas*; vous le tueriez plustost, ou vous le pourriez plustost tuer que de le corriger. *Confé𝑐to prælio, tum verò cérneres*; le combat estant acheué, vous eussiez peu voir. Et cette maniere est tres-digne d'estre remarquée & apporte tant de grace auec soy, que quelques-vns l'ont appellé LVMEN LATINÆ LINGVÆ. *Varepeus apud Alstedium.*

LA FORMATION DES TEMPS.

Il y a cinq temps qui se forment du Preterit de l'Indicatif.

Le plus que Parfait de l'Indicatif.	en changeât I en		eram
Le Parfait du Subjonctif.			erim
Le Futur du Subjonctif.			ero
Le plus que Parfait du Subjonctif.			issem
Le plus que Parfait de l'Infinitif.			isse.

Comme de FVI se fait { fú eram, fú erim, fú ero, fu íssem, fuísse.

Les autres Temps se forment aisément de l'Imperatif; comme d'Ama se fait Amá- bam, Amá- bo, Amárem, Amá-re, Ama- ns, Amá-ndus.

S'il y a quelque changement, il s'apprendra mieux par l'vsage, & par la disposition des Verbes suiuans, selon ce qu'on verra marqué en lettres rouges, que par autres regles qu'on en pourroit donner.

DES DIVERSES CONIVGAISONS.

Il y a quatre Coniugaisons qui se connoissent par l'Infinitif, qui se termine en RE pour l'Actif, & en RI pour le Passif.

La premiere â vn A long deuant RE ou RI, comme *Amáre, Amári.*

La seconde â vn E long, comme *Docēre, Docēri.*

La troisiesme â vn E bref, comme *Légĕre.*

La quatriesme â vn I long; comme *Audíre, Audíri.*

DES DIVERSES SORTES DE VERBES.

Le Verbe est ou Personnel ou Impersonnel.

L'Impersonnel est celuy qui ne marque de soy aucune personne, & se coniugue seulement comme la troisiesme personne Singuliere, ou de l'Actif, comme OPORTET, *il faut*; ou du Passif, comme AMATVR, *on aime*.

Le Personnel est, ou Substantif, ou Actif, ou Passif, ou Neutre, ou Deponent, ou Commun.

Le Substantif est celuy qui ne signifie que la liaison de diuers termes ensemble. Tel est le Verbe SVM, auquel on peut adjouster le Verbe FIO. Exemples; EGO SVM CHRISTIANVS, *ie suis Chrestien*. FRATER FIT DOCTVS; *mon frere deuient sçauant*.

L'Actif est celuy qui exprime l'action faite par le Nominatif du Verbe, qui se termine en O & forme de soy vn Passif en adjoustant R, comme AMO, *i'aime*; d'où vient AMOR.

Le Passif est celuy qui exprime l'action receuë par le Nominatif du Verbe, qui se termine en OR & est formé de l'Actif en adjoustant R, comme AMOR, *ie suis aimé*, qui vient d'AMO.

Le Neutre est celuy qui n'est ny Actif ny Passif; parce qu'il se termine en O, & ne forme point de Passif en OR. Il â quelquefois la signification actiue, comme STVDEO, *i'estudie*; & quelquesfois la Passiue, comme VENEO, *ie suis vendu*.

Le Deponent est celuy qui est terminé en OR, comme le Passif, & qui quitte neantmoins sa signification pour prendre celle de l'Actif, comme LOQVOR, *ie parle*.

Le Commun est celuy qui est terminé en OR, & â

tout ensemble la signification Actiue & Passiue, comme CRIMINOR, *ie blasme & ie suis blasmé.*

ADVERTISSEMENT.

Nous commencerons par le Verbe Substantif, non seulement parce que sa signification est la plus simple, & la premiere selon l'ordre de la Nature, mais principalement parce qu'il sert à former beaucoup de temps des autres Verbes.

Car dans le Latin le Preterit Passif, & tous les temps qui se forment du Preterit, se prennent du Verbe SVM joint auec leur Participe; comme *Amátus sum vel fui, Amátus eram vel fúeram.*

Et dans le François les Verbes n'ont point d'autre Passif que le Verbe Substantif, auec leur Participe, comme *Ie suis aimé; I'estois aimé; I'ay esté aimé, &c.*

POVR LE FRANÇOIS.

En François on vse souuent de la seconde personne de Plurier pour celle du Singulier. Ie me suis contenté de la mettre, pour seruir d'exemple au present de chaque Verbe, afin qu'on puisse la suppléer aux autres temps: Parce qu'en nostre langue on n'vse gueres de cette seconde personne Singuliere, si ce n'est en parlant par mespris, ou auec grande familiarité.

Il faut aussi remarquer que nous auons deux sortes de Preterits, aussi bien que les Grecs. Vous en verrez l'vn dessous le Latin, qui suit l'analogie des autres temps, & l'autre à costé que l'on pourroit peut estre appeller *Preterit de Narration*, parce que l'on s'en sert ordinairement lors que l'on raconte quelque chose. Mais il faut faire apprendre aux enfans ces deux Preterits François separément.

LES CONIVGAISONS DES VERBES.

Le Verbe Substantif, SVM.

L'INDICATIF.	LE SVBIONCTIF.
Au temps present.	
SINGVLIER.	SINGVLIER.
Sum, *ie suis.*	S-im, *que ie sois.*
Es, *tu es*, ou *vous estes.*	S-is, *que tu sois.*
Est, *il est.*	S-it, *qu'il soit.*
PLVRIER.	PLVRIER.
Sumus, *nous sommes.*	S-imus, *que nous soyons.*
Estis, *vous estes.*	S-itis, *que vous soyez.*
Sunt, *ils sont.*	S-int, *qu'ils soient.*
Au Preterit Imparfait.	
SINGVLIER.	SINGVLIER.
Er-am, *i'estois.*	Ess-em, *que ie fusse, que ie serois.*
Er-as, *tu estois.*	Ess-es, *tu fusses, tu serois.*
Er-at, *il estoit.*	Ess-et, *il fust, il seroit.*
PLVRIER.	PLVRIER.
Er-ámus *nous estions.*	Ess-émus, *nous fussions, nous serions.*
Er-átis, *vous estiez.*	Ess-étis, *vous fussiez, vous seriez.*
Er-ánt, *ils estoient.*	Ess-ent, *ils fussent, ils seroient.*

L'INDICATIF.		LE SVBIONCTIF.	
	Au Preterit Parfait.		
SINGVLIER.		SINGVLIER.	
Fu-i,	*ie fus, i'ay* eſté.	Fú- erim,	*que i'aye* eſté.
Fu-íſti,	*tu fus, tu as* eſté.	Fú- eris,	*tu ayes* eſté.
Fu-it,	*il fut, il a* eſté.	Fú-erit,	*il ait* eſté.
PLVRIER.		PLVRIER.	
Fú-imus,	*nous fumes, nous auons* eſté.	Fu-érimus,	*nous ayons* eſté.
Fu-íſtis,	*vous fuſtes, vous auez* eſté,	Fu- éritis,	*vous ayez* eſté.
Fu-érunt, *vel* ére,	*ils furent, ils ont* eſté.	Fú- erint,	*ils ayent* eſté.
	Au plus que Parfait.		
SINGVLIER.		SINGVLIER.	
Fú-eram,	*i'auois* eſté.	Fu-íſſem,	*que i'euſſe* eſté.
Fú-eras,	*tu auois* eſté.	Fu-íſſes,	*tu euſſes* eſté.
Fú-erat,	*il auoit* eſté.	Fu- íſſet,	*il euſt* eſté.
LE PLVRIER.		PLVRIER.	
Fu-erámus,	*nous auions* eſté.	Fu-iſſémus,	*nous euſſiõs* eſté.
Fu-erátis,	*vous auiez* eſté.	Fu-iſſétis,	*vous euſſiez* eſté.
Fú-erant,	*ils auoient* eſté.	Fu-íſſent,	*il euſſent* eſté.

Au Futur au temps aduenir.

SINGVLIER.		SINGVLIER.	
Er-o,	*ie ſeray.*	Fú-ero,	*quand i'auray* eſté.
Er-is,	*tu ſeras.*	Fú-eris,	*tu auras* eſté.
Er-it,	*il ſera.*	Fú-erit,	*il aura* eſté.
PLVRIER.		PLVRIER.	
Er-imus,	*nous ſerons.*	Fu-érimus,	*nous aurons* eſté.
Er-itis,	*vous ſerez.*	Fu-éritis,	*vous aurez* eſté.
Er-unt,	*ils ſeront.*	Fú-erint,	*ils auront* eſté.

L'IMPERATIF.

SINGVLIER.

Es, *vel* Eſ-to,
ſois, ou *qu'il ſoit.*

PLVRIER.

Eſ-te, *vel* Eſ-tóte,
ſoyez.

Sun-to,
qu'ils ſoient.

L'INFINITIF.

AV PRESENT.

Eſſe, *eſtre.*

AV PRETERIT.

Fu-iſſe, *auoir eſté.*

AV FVTVR.

Fore, *vel* futú-rum, eſſe
deuoir.

LE PARTICIPE.

Futu-rus, a, um,
qui ſera ou *qui doit eſtre.*

ADVERTISSEMENT.

I'ay mis icy l'Imperatif à la fin, ſeulement pour faire voir chaque temps du Subjonctif auec ceux de l'Indicatif, qui luy reſpondent : Ie ne laiſſeray pas dans les autres Verbes de ſuiure l'ordre ordinaire pour ne rien changer ſans neceſſité.

LA PREMIERE.	LA SECONDE.

L'INDICATIF.

Au temps present.

SINGVLIER.	SINGVLIER.
Am-o,	Mon-eo,
i'aime.	*i'auertis.*
Am-as,	Mon-es,
tu aime, ou *vous aimez.*	*tu auertis*, ou *vo' auertiſſez.*
Am-at,	Mon-et,
il aime.	*il auertit.*
PLVRIER.	**PLVRIER.**
Am-ámus,	Mon-émus,
nous aimons.	*nous auertiſſons.*
Am-átis,	Mon-étis,
vous aimez.	*vous auertiſſez.*
Am-ant,	Mon-nent,
ils aiment.	*ils auertiſſent.*

Au Preterit Imparfait.

SINGVLIER.	SINGVLIER.
Am-ábam,	Mon-ébam,
i'aimois.	*i'auertiſſois.*
Am-abas,	Mon-ébas,
tu aimois,	*tu auertiſſois,*
Am-ábat,	Mon-ébat,
il aimoit.	*il auertiſſoit.*
PLVRIER.	**PLVRIER.**
Am-abámus,	Mon-bámus,
nous aimions.	*nous auertiſſions.*
Am-abátis,	Mon-ebátis,
vous aimiez.	*vous auertiſſiez.*
Am-ábant,	Mon-ebant,
ils aimoient.	*ils auertiſſoient.*

LA TROISIESME.	LA QVATRIESME.

L'INDICATIF.

Au temps present.

SINGVLIER.	SINGVLIER.
Leg-o,	Aúd-io,
ie lis.	*i'escoute.*
Leg-is,	Aud-dis,
tu lis; ou *vous lisez.*	*tu escoute*, ou *vous escoutez.*
Leg it,	Aud-it,
il lit.	*il escoute.*
PLVRIER.	PLVRIER.
Lég-imus,	Aud-ímus,
nous lisons.	*nous escoutons.*
Lég-itis,	Aud-ítis,
vous lisez.	*vous escoutez.*
Leg-unt,	Aúd-iunt,
ils lisent.	*ils escoutent.*

Au Preterit Imparfait.

SINGVLIER.	SINGVLIER.
Leg-ébam,	Aud-iébam,
ie lisois.	*i'escoutois.*
Leg-ébas,	Aud-iébas,
tu lisois.	*tu escoutois.*
Leg-ebat,	Aud-iébat.
il lisoit.	*il escoutoit.*
PLVRIER.	PLVRIER.
Leg-ebámus,	Aud-iebámus,
nous lisions.	*nous escoutions.*
Leg-ebátis,	Aud-iebátis,
vous lisiez.	*vous escoutiez.*
Leg-ébant,	Aud-iébant,
ils lisoient.	*ils escoutoient.*

LA PREMIERE

Au Preterit Parfait.

SINGVLIER.

Amau- i, *i'aimay, i'ay* aimé.

Amau- isti, *tu aimas, tu as* aimé.

Amáu- it, *il aimâ, il a* aimé.

PLVRIER.

Amáu- imus, *nous aimâmes, nous auons* aimé.

Amau- istis, *vous aimâtes, vous auez* aimé.

Amau- érunt, *vel* ére, *ils aimerent, ils ont* aimé.

Au Preterit plus que Parfait.

SINGVLIER.

Amáu- eram, *i'auois* aimé.

Amáu- eras, *tu auois* aimé.

Amáu- erat, *il auoit* aimé.

PLVRIER.

Amau- erámus, *nous auions* aimé.

Amau- erátis, *vous aurez* aimé.

Amáu- erant, *ils auoient* aimé.

LA SECONDE.

Au Preterit Parfait.

SINGVLIER.

Mónu- i, *i'auertis, i'ay* auerty.

Monu- isti, *tu auertis, tu as* auerty.

Mónu- it, *il auertit, il a* auerty.

PLVRIER.

Monú- im⁹, *nous auertîmes, nous auons* auerty.

Monu- istis, *vous auertîtes, vous auez* auerty.

Monu- érunt, *vel* ére, *ils auertirent, ils ont* auerty.

Au Preterit plus que Parfait.

SINGVLIER.

Monú- eram, *i'auois* auerty.

Monú- eras, *tu auois* auerty.

Monú- erat, *il auoit* auerty.

PLVRIER.

Monu- erámus, *nous auions* auerty.

Monu- erátis, *vous auiez* auerty.

Monú- erant, *ils auoient* auerty.

LA TROISIESME.	LA QVATRIESME.
Au Preterit Parfait.	
SINGVLIER.	SINGVLIER.
Leg- i, *ie leus*, *i'ay* leu.	Aud- iui, *i'escoutay*, *i'ay* escouté.
Leg- isti *tu leus*, *tu as* leu.	Audiu- isti, *tu escoutas*, *tu as* escouté.
Leg- it, *il leut*, *il a* leu.	Audiu- it, *il escouta*, *il a* escouté.
PLVRIER.	PLVRIER.
Lég- imus, *nous leûmes*, *nous auons* leu.	Audiu- im⁹ *nous escoutâmes*. *nous auons* escouté.
Leg istis, *vous leûtes*, *vous auez* leu.	Audiu- istis, *vous escoutâtes*, *vous auez* escouté.
Leg- érunt, *vel* ére, *ils leurent*, *ils ont* leu.	Audiu- érunt, *vel* ére, *ils escouterent*, *ils ont* escouté.
Au Preterit plus que Parfait.	
SINGVLIER.	SINGVLIER.
Lég- eram, *i'auois* leu.	Audiu- eram, *i'auois* escouté.
Lég- eras, *tu auois* leu.	Audiu- eras, *tu auois* escouté.
Lég- erat, *il auoit* leu.	Audiu- erat, *il auoit* escouté.
PLVRIER.	PLVRIER.
Leg- erámus, *nous auions* leu.	Audiu- erámus, *nous auions* escouté.
Leg- erátis, *vous auiez* leu.	Audiu- erátis, *vous auiez* escouté.
Lég- erant, *ils auoient* leu.	Audiu- erant, *ils auoient* escouté.

LA PREMIERE.	LA SECONDE.

Le Futur ou temps aduenir.

SINGVLIER.	SINGVLIER.
Am-ábo,	Mon-ébo,
i'aimeray.	*i'auertiray.*
Am- bis,	Mon-ébis,
tu aimeras.	*tu auertiras.*
Am- ábit,	Mon- ébit,
il aimera.	*il auertira.*
PLVRIER.	**PLVRIER.**
Am- ábimus,	Mon- ébimus,
nous aimerons.	*nous auertirons.*
Am- ábitis,	Mon- ébitis,
vous aimerez.	*vous auertirez.*
Am-ábunt,	Mon- ébunt,
ils aimeront.	*ils auertiront.*

L'IMPERATIF.

SINGVLIER.	SINGVLIER.
Am-a,	Mon- e,
aime, ou *aimez.*	*auertis*, ou *auertissez.*
Am- áto, tu *aime*,	Mon- éto, tu *auertis*,
ille, *qu'il aime.*	ille, *qu'il auertisse.*
PLVRIER.	**PLVRIER.**
Am- áte, *vel*,	Mon- éte, *vel*,
Am- atóte,	Mon- etóte,
aimez.	*auertissez.*
Am- ánto,	Mon ento,
qu'ils aiment	*qu'ils auertissent.*

LA

LA TROISIESME. LA QVATRIESME.

Le Futur ou temps aduenir.

SINGVLIER.	SINGVLIER.
Leg- am,	Aúd- iam,
ie liray.	*i'escouteray.*
Leg- es,	Aúd- ies,
tu liras,	*tu escouteras,*
Leg- et,	Aúd- iet,
il lira.	*il escoutera.*
PLVRIER.	**PLVRIER.**
Leg- émus,	Aud- iémus,
nous lirons.	*nous escouterons.*
Leg- étis,	Aud- iétis,
vous lirez,	*vous escouterez.*
Leg- ent,	Aúd- ient,
ils liront.	*ils escouteront.*

L'IMPERATIF.

SINGVLIER.	SINGVLIER.
Leg- e,	Aud- i,
lis, ou *lisez.*	*escoutes,* ou *escoutez.*
Lég- ito tu, *lis* ou *lisez*; illc, *qu'il lise.*	Aud- ito tu, *escoute* ou *escoutez*; ille, *qu'il escoute.*
PLVRIER.	**PLVRIER.**
Lég- ite, *vel*	Aud- ite *vel*
Leg- itóte,	Aud- itóte,
lisez.	*escoutez.*
Leg- únto,	Aud- iúnto,
qu'ils lisent.	*qu'ils escoutent.*

LA PREMIERE.

LE SVBIONCTIF.

Au temps present.

SINGVLIER.

Am-em, *que i'aime.*

Am-es, *que tu aimes, ou que vous aimiez.*

Am-et, *qu'il aime.*

PLVRIER.

Am-émus, *que nous aimions.*

Am-étis, *vous aimiez,*

Am-ent, *ils aiment.*

Au Preterit Imparfait.

SINGVLIER.

Am-arem, *que i'aimasse,* ou *i'aimerois.*

Am-ares, *tu aimasses,* ou *tu aimerois.*

Am-aret, *il aimast,* ou *il aimeroit.*

PLVRIER.

Am-arémus, *nous aimassions,* ou *nous aimerions.*

Am-arétis, *vous aimassiez,* ou *vous aimeriez.*

Am-arent, *ils aimassent,* ou *ils aimeroient.*

LA SECONDE.

LE SVBIONCTIF.

Au temps present.

SINGVLIER.

Món-eam, *que i'auertisse.*

Món-eas, *que tu auertisses,* ou *que vous auertissiez.*

Món-eat, *qu'il auertisse.*

PLVRIER.

Mon-eámus, *que nous auertissions*

Mon-eátis, *vous auertissiez.*

Món-eant, *ils auertissent.*

Au Preterit Imparfait.

SINGVLIER.

Mon-érem, *que i'auertisse,* ou *i'auertirois.*

Mon-éres, *tu auertisses,* ou *tu áuertirois.*

Mon-éret, *il auertist,* ou *il auertiroit.*

PLVRIER.

Mon-eremus, *nous auertissions,* ou *nous auertirions.*

Mon-erétis, *vous auertissiez,* ou *vous auertiriez.*

Mon-erent, *ils auertissent,* ou *ils auertiroient.*

LA TROISIESME.	LA QVATRIESME.

LE SVBIONCTIF.

Au temps present,

SINGVLIER.	SINGVLIER.
Leg-am, *que ie lise.*	Aúd-iam, *que i'escoute.*
Leg- as, *que tu lises,* ou *que vous lisiez.*	Aúd-ias, *que tu escoutes,* ou *que vous escoutiez.*
Leg-at, *qu'il lise.*	Aúd-iat, *qu'il escoute.*
PLVRIER.	PLVRIER.
Leg-ámus, *que nous lisions.*	Aud-iámus, *que nous escoutions.*
Leg-átis, *vous lisiez.*	Aud-iátis, *vous escoutiez.*
Leg-ant, *ils lisent.*	Aúd-iant, *ils escoutent.*

Le Preterit Imparfait.

SINGVLIER.	SINGVLIER.
Lég-erem, *que ie leusse,* ou *ie lirois.*	Aud-irem, *que i'escoutasse,* ou *i'escouterois.*
Lég-eres, *tu leusses,* ou *tu lirois.*	Aud-ires, *tu escoutasses,* ou *tu escouterois.*
Lég-eret, *il leust,* ou *il liroit.*	Aud-iret, *il escoutast,* ou *il escouteroit.*
PLVRIER.	PLVRIER.
Leg-erémus, *nous leussions,* ou *nous lirions.*	Aud-irémus, *nous escoutassions,* ou *nous escouterions.*
Leg-erétis, *vous leussiez,* ou *vous liriez.*	Aud-irétis, *vo⁹ escoutassiez* ou *vous escouteriez.*
Lég-erent *ils leussent,* ou *ils liroient.*	Aud-irent *ils escoutassent,* ou *ils escouteroient.*

LA PREMIERE	LA SECONDE.

LE SVBIONCTIF.

Au Preterit Parfait.

SINGVLIER.	SINGVLIER.
Amáu- erim,	Monú- erim,
que i'ay aimé.	*que i'aye* auerty.
Amáu- eris,	Monú- eris,
tu ayes, ou *vous ayez* aimé.	*tu ayes*, ou *vous ayez* auerty.
Amau- erit,	Monú-erit,
il ayt aimé.	*il ayt* auerty.
PLVRIER.	**PLVRIER.**
Amáu- érimus,	Monu- érimus,
nous ayons aimé.	*nous ayons* auerty
Amau- éritis,	Monu- éritis,
vous ayez aimé.	*vous ayez* auerty.
Amáu- erint,	Monú- erint,
ils ayent aimé.	*ils ayent* auerty.

Le plus que Parfait.

SINGVLIER.	SINGVLIER.
Amau- issem, *que i'eusse*,	Monu- issem, *que i'eusse*,
ou *i'aurois* aimé.	ou *i'aurois* auerty.
Amau- isses, *tu eusses*,	Monu- isses, *tu eusses*,
ou *tu aurois* aimé.	ou *tu aurois* auerty.
Amau- isset, *il eust*,	Monu- isset, *il eust*,
ou *il auroit* aimé.	ou *il auroit* auerty.
PLVRIER.	**PLVRIER.**
Amau- issémus, *nous eussiõs*,	Monu- issémus, *nous eussiõs*,
ou *nous aurions* aimé.	ou *nous aurions* auerty.
Amau- issétis, *vous eussiez*.	Monu- issétis, *vous eussiez*,
ou *vous auriez* aimé.	ou *vous auriez* auerty.
Amau- issent, *ils eussent*,	Monu- issent, *ils eussent*,
ou *ils auroient* aimé.	ou *ils auroient* auerty.

LA TROISIESME. LA QVATRIESME.

LE SVBIONCTIF.

Au Preterit Parfait.

SINGVLIER.	SINGVLIER.
Lég-erim,	Audiu-erim,
que i'aye leu.	*que i'aye* escouté.
Lég-eris, *tu ayes,*	Audiu-eris, *tu ayes,*
ou *vous ayez* leu.	ou *vous ayez* escouté.
Lég-erit,	Audiu-erit,
il ayt leu.	*il ayt* escouté.
PLVRIER.	PLVRIER.
Leg-érimus,	Audiu-érimus,
nous ayons leu.	*nous ayons* escouté.
Leg-éritis,	Audiu-éritis,
vous ayez leu.	*vous ayez* escouté.
Lég-erint,	Audiu-erint,
ils ayent leu.	*ils ayent* escouté.

Le plus que Parfait.

SINGVLIER.	SINGVLIER.
Leg-íssem, *que ieusse,*	Audiu-íssem, *que i'eusse,*
ou *i'aurois* leu.	ou *i'aurois* escouté.
Leg-ísses, *tu eusses,*	Audiu-ísses, *tu eusses,*
ou *tu aurois* leu.	ou *tu auois* escouté.
Leg-ísset, *il eust,*	Audiu-ísset, *il eust,*
ou *il auroit* leu.	ou *il auroit* escouté.
PLVRIER.	PLVRIER.
Leg-issémus, *nous eussions,*	Audiu-issémus, *nous eussiõs,*
ou *nous aurions* leu.	ou *nous aurions escouté.*
Leg-issétis, *vous eussiez,*	Audiu-issétis, *vous eussiez,*
ou *vous auriez* leu.	ou *vous auriez* escouté.
Leg-íssent, *ils eussent,*	Audiu-íssent, *ils eussent,*
ou *ils auroient* leu.	ou *ils auroient* escouté.

LA PREMIERE LA SECONDE.

LE SVBIONCTIF.

Au Futur ou temps aduenir.

SINGVLIER.	SINGVLIER.
Amáu-ero,	Monú-ero,
quand i'auray aimé.	*quand i'auray* auerty,
Amáu-eris,	Monú-eris,
tu auras aimé.	*tu auras* auerty.
Amáu-erit,	Monú-erit,
il aura aimé.	*il aura* auerty.
PLVRIER.	PLVRIER.
Amau-érimus,	Monu-érimus,
nous aurons aimé.	*nous aurons* auerty.
Amau-éritis,	Monu-éritis,
vous aurez aimé.	*vous aurez* auerty.
Amáu-erint,	Monú-erint,
ils auront aimé.	*ils auront* auerty.

L'INFINITIF.

Au temps present & à l'Imparfait.

Am-áre, *aimer.* Mon-ére, *auertir.*

Au parfait, & plus que Parfait.

Amau-isse, *auoir* aimé. Monu-isse, *auoir* auerty.

Au Futur ou temps aduenir.

Am-atúrum esse, *vel* fuisse, *deuoir aimer,* Mon-itúrum esse, *vel* fuisse, *deuoir auertir,*

Ce Futur se coniugue par tous les Genres, au Singulier & au Plurier, & s'accorde auec le Substantif. Ex. Dico matrem amatúram esse, *ie dis que ma Mere aimera.* Puto præceptóres monitúros fuisse. *ie pense que les Maistres deuoient en auertir.*

LA TROISIESME. LA QVATRIESME.

LE SVBIONCTIF.

Au Futur ou temps aduenir.

SINGVLIER.	SINGVLIER.
Lég-ero,	Audíu-ero,
quand i'auray leu.	*quand i'auray* escouté.
Lég-eris,	Audíu-eris,
tu auras leu.	*tu auras* escouté.
Lég-erit,	Audíu-erit,
il aura leu.	*il aura* escouté.
PLVRIER.	PLVRIER.
Leg-érimus,	Audiu-érimus,
nous aurons leu.	*nous aurons* escouté.
Leg-éritis,	Audiu-éritis,
vous aurez leu.	*vous aurez* escouté.
Lég-erint,	Audíu-erint,
ils auront leu.	*ils auront* escouté.

L'INFINITIF.

Au temps present.

Lég-ere, *lire.* Aud-ire, *escouter.*

Au Parfait & plus que Parfait.

Leg-isse, *auoir* leu. Audiu- *auoir* escouté.

Au Futur ou temps aduenir.

Le-cturum esse, *vel* fuisse, *deuoir lire*, Aud- esse, *vel* fuisse, *deuoir escouter*,

Ce Futur s'accorde auec son Substantif, & se mettant au Singulier qu'au Plurier, Spero pueros lecturos esse, *i'espere que les enfans liront.* Credo virgines audituras esse, *ie croy que les Vierges escouteront.*

LA PREMIERE.	LA SECONDE.

LES GERONDIFS.

Am-ándi, *d'aimer.*	Mon-éndi, *d'auertir.*
Am-ándo, *en aimant*, ou *estant* aimé.	Mon-éndo, *en auertissant*, ou *estant* auerty.
Am-ándum, *pour aimer*, ou *pour estre* aimé.	Mon-éndum, *pour auertir*, ou *pour estre* auerty.

LES SVPINS.

Am-átum, *pour aimer.*	Món-itum, *pour auertir.*
Am-átu, *d'aimer*, ou *d'estre* aimé.	Món-itu, *d'auertir*, ou *pour estre* auerty.

LES PARTICIPES.

Celuy du present.

Am-ans, antis, *aimant*, *qui aime*, ou *qui aimoit.*	Mon-ens, éntis, *auertissant*, *qui auertis*, ou *qui auertissoit*

Celuy du Futur.

Am-atúrus, ra, rum, *qui aimera*, ou *qui doit aimer.*	Mon-itúrus, ra, rum, *qui auertira*, ou *qui doit auertir.*

LA TROISIESME.	LA QVATRIESME.

LES GERONDIFS.

Leg-éndi, *de lire.*	Aud-iéndi, *d'escouter.*
Leg-éndo, *en lisant.*	Aud-iéndo, *en escoutant.*
Leg-éndum, *pour lire*, ou *pour estre* leu.	Aud-iéndũ, *pour escouter*, ou *pour estre* escouté.

LES SVPINS.

Le-ctum, *pour lire.*	Aud-itum, *pour escouter.*
Le-ctu, *de lire*, ou *d'estre* leu.	Aud-itu, *d'escouter*, ou *d'estre* escouté.

LES PARTICIPES.

Celuy du present.

Leg-ens, éntis, *lisant*, *qui lit*, ou *qui lisoit.*	Aúd-iens, iéntis, *escoutant*, *qui escoute*, ou *qui escoutoit.*

Celuy du Futur.

Le-ctúrus, ra, rum, *qui lira*, ou *qui doit lire.*	Aud-itúrus, ra, rum, *qui escoutera*, ou *qui doit écouter.*

LA PREMIERE.	LA SECONDE.
L'INDICATIF.	
Au temps present.	
SINGVLIER.	SINGVLIER.
Am-or,	Món-eor,
ie suis aimé.	*ie suis* auerty.
Am-áris, *vel* Am-áre,	Mon-éris, *vel* Mon-ére,
tu es, ou *vous estes* aimé.	*tu es*, ou *vous estes* auerty.
Am-átur,	Mon-étur,
il est aimé.	*il est* auerty.
PLVRIER.	PLVRIER.
Am-ámur,	Mon-émur,
nous sommes aimez.	*nous sommes* auertis.
Am-ámini,	Mon-émini,
vous estes aimez.	*vous estes* auertis.
Am-ántur,	Mon-éntur,
ils sont aimez.	*ils sont* auertis.
Au Preterit Imparfait.	
SINGVLIER.	SINGVLIER.
Am-ábar,	Mon-ébar,
i'estois aimé.	*i'estois* auerty.
Am-abáris *vel* Am-abáre,	Mon-ebáris, *vel* ebáre,
tu estois aimé.	*tu estois* auerty.
Am-abátur,	Mon-ebátur,
il estoit aimé.	*il estoit* auerty.
PLVRIER.	PLVRIER.
Am-abámur,	Mon-ebámur,
nous estions aimez.	*nous estions* auertis.
Am-abámini,	Mon-ebámini,
vous estiez aimez.	*vous estiez* auertis.
Am-abántur,	Mon-ebántur,
ils estoient aimez.	*ils estoient* auertis.

LA TROISIESME.	LA QVATRIESME.

L'INDICATIF.

Au temps present.

SINGVLIER.	SINGVLIER.
Leg-or,	Aúd-ior,
ie suis leu.	*ie suis* escouté.
Lég-eris, *vel* Lég-ere,	Aud-iris, *vel* Aud-ire,
tu es, ou *vous estes* leu.	*tu es*, ou *vous estes* escouté.
Lég-itur,	Aud-ítur,
il est leu.	*il est* escouté.
PLVRIER.	PLVRIER.
Lég-imur,	Aud-ímur,
nous sommes leus.	*nous sommes* escoutez.
Leg-ímini,	Aud-imini,
vous estes leus.	*vous estes* escoutez.
Leg-úntur,	Aud-iúntur,
ils sont leus.	*ils sont* escoutez.

Au Preterit Imparfait.

SINGVLIER.	SINGVLIER.
Leg-ébar,	Aud-iébar,
i'estois leu.	*i'estois* escouté.
Leg-ebáris, *vel* ebáre,	Aud-iebáris, *vel* iebáre,
tu estois leu.	*tu estois* escouté.
Leg-ebátur,	Aud-iebátur,
il estoit leu.	*il estoit* escouté.
PLVRIER.	PLVRIER.
Leg-ebámur,	Aud-iebámur,
nous estions leus.	*nous estions* escoutez.
Leg-ebámini,	Aud-iebámini,
vous estiez leus.	*vous estiez* escoutez.
Leg-ebántur,	Aud-iebántur,
ils estoient leus.	*ils estoient* escoutez.

LA PREMIERE.	LA SECONDE.

L'INDICATIF.

Au Preterit Parfait.

Am-atus sum, *vel* fui, *i'ay esté* aimé.	Món-itus sum, *vel* fui, *i'ay esté* auerty.

Au plus que parfait.

Am-atus erã, *vel* fúeram, *i'auois esté* aimé.	Món-itus erã, *vel* fúeram, *i'auois esté* auerty.

Coniuguez par toutes les personnes, selon le Verbe* SVM, *& faites accorder auec le Substantif.

Au Futur ou temps aduenir.

SINGVLIER.	SINGVLIER.
Am-ábor, *ie seray* aimé.	Mon-ébor, *ie seray* auerty.
Am-áberis, *vel* ábere, *tu seras* aimé.	Mon-éberis, *vel* ébere, *tu seras* auerty.
Am-ábitur, *il sera* aimé.	Mon-ébitur, *il sera* auerty.
PLVRIER.	**PLVRIER.**
Am-ábimur, *nous serons* aimez.	Mon-ébimur, *nous serons* auertis.
Am-abímini, *vous serez* aimez.	Mon-ebímini, *vous serez* auertis.
Am-abúntur, *ils seront* aimez.	Mon-ebúntur, *ils serons* auertis.

LA TROISIESME.	LA QVATRIESME.

L'INDICATIF.

Au Preterit Parfait.

Le- ctusſum, *vel* fui,	Aud- itusſum, *vel* fui,
i'ay eſté leu.	*i'ay eſté* eſcouté.

Au plus que Parfait.

Le- ctus erã, *vel* fueram,	Aud- ituseram, *vel* fueram,
i'auois eſté leu.	*i'auois eſté* eſcouté.

Suppleez les autres perſonnes par le Verbe SVM, *& faites les accorder auec le Subſtantif.*

Le Futur ou temps aduenir.

SINGVLIER.	SINGVLIER.
Leg- ar,	Aud- iar,
ie ſeray leu.	*ie ſeray* eſcouté.
Leg- éris, *vel* ére,	Aud- iéris, *vel* iére,
tu ſeras leu.	*tu ſeras* eſcouté.
Leg- étur,	Aud- iétur,
il ſera leu.	*il ſera* eſcouté.

PLVRIER.	PLVRIER.
Leg- émur,	Aud- iémur,
nous ſerons leus.	*nous ſerons* eſcoutez.
Leg- émini,	Aud- iémini,
vous ſerez leus.	*vous ſerez* eſcoutez.
Leg- éntur,	Aud- iéntur,
ils ſeront leus.	*ils ſeront* eſcoutez.

LA PREMIERE.

L'IMPERATIF.

SINGVLIER.

Am-áre, *sois aimé*,
ou *fais que tu sois* aimé.
Am-átor tu, *tu seras* aimé;
ille, *il sera* aimé.

PLVRIER.

Am-áminor,
vous serez aimez.
Am-ántor,
ils seront aimez.

LA SECONDE.

L'IMPERATIF.

SINGVLIER.

Mon-ére, *sois* auerty.
ou *fais que tu sois* auerty.
Mon-étor tu, *tu sera* auerty;
ille, *il sera* auerty.

PLVRIER.

Mon-éminor,
vous serez auertis.
Mon-éntor,
ils seront auertis.

LE SVBIONCTIF.

Au temps present.

LA PREMIERE.

SINGVLIER.

Am-er,
que ie sois aimé.
Am-éris, *vel* ére,
tu sois aimé.
Am-étur
il soit aimé.

PLVRIER.

Am-émur,
nous soyons aimez.
Am-émini
vous soyez aimez.
Am-éntur,
ils soient aimez.

LA SECONDE.

SINGVLIER.

Món-ear,
que ie sois auerty.
Mon-eáris, *vel* eáre,
tu sois auerty.
Mon-eátur,
il soit auerty.

PLVRIER.

Mon-eamur,
nous soyons auertis.
Mon-eámini,
vous soyez auertis.
Mon-eántur,
ils soient auertis.

LA TROISIESME.	LA QVATRIESME.

L'IMPERATIF.

SINGVLIER.	SINGVLIER.
Lég- ere, *sois* leu, ou *fais que tu sois* leu.	Aud- ire, *sois* escouté, ou *fais que tu sois* escouté.
Lég- itor tu, *tu seras* leu; ille, *il sera* leu.	Aud- itor tu, *tu seras* escouté; ille, *il sera* escouté.

PLVRIER.	PLVRIER.
Leg- iminor, *vous serez* leus.	Aud- [illegible], *vous serez* escoutez.
Leg- untor, *ils seront* leus.	Aud- [illegible], *ils seront* escoutez.

LE SVBIONCTIF.

Au temps present.

SINGVLIER.	SINGVLIER.
Leg- ar, *que ie sois* leu.	Aúd- [illegible], *que ie sois* escouté.
Leg- aris, *vel* are, *tu sois* leu.	Aud- [illegible], *vel* [illegible], *tu sois* escouté.
Leg- atur, *il soit* leu.	Aud- [illegible], *il soit* escouté.

PLVRIER.	PLVRIER.
Leg- [illegible], *nous soyons* leus.	Aud- [illegible], *nous soyons* escoutez.
Leg- [illegible], *vous soyez* leus.	Aud- [illegible], *vous soyez* escoutez.
Leg- [illegible], *ils soient* leus.	Aud- [illegible], *ils soient* escoutez.

LA PREMIERE.	LA SECONDE.
Au Preterit Imparfait.	
SINGVLIER.	SINGVLIER.
Am- árer, *que ie fusse,*	Mon- érer, *que ie fusse,*
ou *ie serois* aimé.	ou *ie serois* auerty.
Am- aréris, *vel* arére,	Mon- eréris, *vel* erére,
tu fusses, ou *tu serois* aimé.	*tu fusses*, ou *tu serois* auerty.
Am- arétur, *il fust*,	Mon- erétur, *qu'il fust*,
ou *il seroit* aimé.	ou *il seroit* auerty.
PLVRIER.	PLVRIER.
Am- arémur, *nous fussions*,	Mon- erémur, *nous fussions*,
ou *nous serions* aimez.	ou *nous serions* auertis.
Am- arémini, *vous fussiez*,	Mon- erémini, *vous fussiez*,
ou *vous seriez* aimez.	ou *vous seriez* auertis.
Am- aréntur, *ils fussent*,	Mon- eréntur, *ils fussent*,
ou *ils seroient* aimez.	ou *ils seroient* auertis.
Au Preterit Parfait.	
Am- átus sim, *vel* fúerim,	Món- itus sim, *vel* fúerim,
que i'aye esté aimé.	*que i'aye esté* auerty.
Au plus que Parfait.	
Am- átus essem, *vel* fuissem, *que i'eusse*,	Món- itus essem, *vel* fuissem, *que i'eusse*,
ou *i'aurois esté* aimé.	ou *i'aurois esté* auerty.
Au Futur.	
Am- átus ero, *vel* fúero,	Món- itus ero, *vel* fúero,
i'auray esté aimé.	*i'auray esté* auerty.

On fera aisément entendre aux enfans, comme ces temps se coniuguent par toutes les personnes du Verbe SVM, *puis qu'ils l'auront desia veu cy-deuant.*

LA

LA TROISIESME.	LA QVATRIESME.

Au Preterit Imparfait.

SINGVLIER.	SINGVLIER.
Lég- erer, *que ie fusse,* ou *ie serois* leu.	Aud- irer, *que ie fusse,* ou *ie serois* escouté.
Leg- eréris, *vel* erére, *tu fusses,* ou *tu serois* leu.	Aud- iréris, *vel* irére, *tu fusses,* ou *tu serois* escouté.
Leg- erétur, *il fust,* ou *il seroit* leu.	Aud- irétur, *il fust,* ou *il seroit* escouté.

PLVRIER.	PLVRIER.
Leg- erémur, *nous fussions,* ou *nous serions* leus.	Aud- irémur, *nous fussions,* ou *nous serions* escoutez.
Leg- erémini, *vous fussiez,* ou *vous seriez* leus.	Aud- irémini, *vous fussiez,* ou *vous seriez* escoutez.
Leg- eréntur, *ils fussent,* ou *ils seroient* leus	Aud- iréntur, *ils fussent,* ou *ils seroient* escoutez.

Au Preterit Parfait.

Le- ctus sim, *vel* fúerim, *que i'aye esté* leu.	Aud- itus sim, *vel* fúerim, *que i'aye esté* escouté.

Au plus que Parfait.

Le- ctus essé, *vel* fuissem, *que i'eusse,* ou *i'aurois esté* leu.	Aud- itus essem, *vel* fuissem, *que i'eusse,* ou *i'aurois esté* escouté.

Au Futur ou temps aduenir.

Le- ctus ero, *vel* fúero, *i'auray esté* leu.	Aud- itus ero, *vel* fúero, *i'auray esté* escouté.

Il n'est pas besoin d'embarasser icy les enfans dans la diuersité des Genres, car s'ils trouuent par exemple; Audíta fuit, *ils mettront mot à mot,* fuit *elle a esté,* audíta, *ouyë, & semblables.*

LA PREMIERE	LA SECONDE.

L'INFINITIF.

Au temps present & à l'Imparfait.

Am-ári,	Mon-éri,
estre aimé.	*estre* auerty.

Au Preterit Parfait & plus que Parfait.

Am-átum esse, *vel* fuisse,	Món-itum esse, *vel* fuisse,
auoir esté aimé.	*auoir esté* auerty.

Au Futur ou temps aduenir.

Am-atum iri,	Món-itum iri,
deuoir estre aimé.	*deuoir estre* auerty.

LES GERONDIFS ET LES SVPINS,

Comme à l'Actif.

LE PARTICIPE *du Preterit.*

Am-átus, a um,	Món-itus, a, um,
aimé, ou *aimée*.	*auerty* ou *auertie*.

Celuy du Futur.

Am-ándus, a, um,	Mon-éndus, a, um,
qui sera, ou *qui doit estre* aimé *ou* aimée.	*qui sera* ou *qui doit estre* auerty *ou* auertie.

LA TROISIESME.	LA QVATRIESME.

L'INFINITIF.

Au temps present & à l'Imparfait.

Leg- i, *estre* leu.	Aud- iri, *estre* escouté.

Au Preterit parfait, & plus que Parfait.

Le- ctum esse, *vel* fuisse, *auoir esté* leu.	Aud- itum esse, *vel* fuisse, *auoir esté* escouté.

Au Futur ou temps aduenir.

Lect- ctum iri, *deuoir estre* leu.	Aud- itum iri, *deuoir estre* escouté.

LES GERONDIFS, ET LES SVPINS, Comme à l'Actif.

LE PARTICIPE *du Preterit.*

Le- ctus, a, um, *leu*, ou *leuë.*	Aud- itus, a, um, *escouté*, ou *escoutée.*

Celuy du Futur.

Leg- endus, a, um, *qui sera*, ou *qui doit estre* leu *ou* leuë.	Aud- iendus, a, um, *qui sera*, ou *qui doit estre* escouté, *ou* escoutée.

DES VERBES IRREGVLIERS.

LEs Verbes Irreguliers ſont ceux, qui en quelques-vns de leurs temps ou de leurs perſonnes, ſe coniuguent autrement, que les quatre cy-deuant. Ie me contenteray de mettre les temps où ils ont quelque choſe d'irregulier, laiſſant les autres qui ſe forment ſelon l'analogie des Verbes qui viennent d'eſtre expliquez.

EO, *quaſi comme* Audio.

L'INDICATIF.

Au temps preſent.

S. Eo, *ie vais,*
Is, *tu vas,*
It, *il va,*
P. Imus, *nous allons,*
Itis, *vous allez,*
Eunt, *ils vont.*

A l'Imparfait.

S. Ibam, *i'allois,*
Ibas, ibat.
P. Ibámus, ibátis, ibant.

Au Preterit.

Iui, *ie ſuis allé.*
comme Audíui, iſti, it, &c.

Au plus que parfait.

Iueram, *i'eſtois allé.*
comme Audíueram, as, at.

Au Futur.

S. Ibo, *i'iray*, ibis, ibit,
P. Ibimus, íbitis, ibunt.

L'IMPERATIF.

S. I, *va*, ou *allez,*
Ito, *va*, ou *qu'il aille.*
P. Itóte, *allez.*
Eúnto, *qu'ils aillent.*

LE SVBIONCTIF.

Au preſent.

Eam, *que i'aille,*
comme Móneam, as, at.

A l'Imparfait.

Irem, *i'irois,*
comme Audírem, es, et.

Au Parfait.

Iuerim, *que ie ſois allé,*
comme Audíuerim, is, it.

Au plus que Parfait.
Iuissem, *ie serois allé*, *comme* Audiuissem, es, et.
Au Futur.
Iuero, *ie seray allé*, *comme* Audiuero, is, it.

L'INFINITIF.
Au temps present.
Ire, *aller.*
Au Preterit.
Iuisse, *estre allé.*
Au Futur.
Itúrum, am, um, *deuoir aller.*

LES GERONDIFS.
Eúndi, *d'aller*,
Eúndo, *en allant*,
Eúndum, *pour aller.*

LES PARTICIPES.
Au present.
Iens, eúntis, *allāt*, ou *qui va.*
Au Futur.
Itúrus, itúra, um, *qui ira*, ou *qui doit aller.*

POSSVM, *comme* Sum.

L'INDICATIF.
Au temps present.
S. Possum, *ie peux*,
Potes, *tu peux.*
Potest, *il peut*,
P. Póssumus, *nous pouuons*,
Potéstis, *vous pouuez*,
Possunt, *ils peuuent*,

Il faut seulement mettre vn T par toutes les personnes où le simple commence par vne voyelle.

Au Preterit Imparfait.
Póteram, *ie pouuois*, *comme* Eram, as, at, &c.
Au Preterit Parfait.
Pótui, *i'ay peu.*

Ce Preterit & les temps qui en dependent, changent seulement l'F du simple en T.

Au plus que Parfait.
Potúeram, *i'auois peu*, *comme* Fúeram.
Et ainsi du reste.

Les autres Composez de SVM suiuent leur simple, comme *Adsum*, *Desum*, *Intérsum.* Hormis *Prosum*, qui change l'S en D aux temps où le simple commence par vne voyelle.

VOLO, *comme* Lego.

L'INDICATIF.
Au temps present.
S. Volo, *ie veux*,
Vis, *tu veux*,
Vult, *il veut.*

P. Vólumus, *nous voulons,*
Vultis, *vous voulez.*
Volunt, *ils veulent.*

LE SVBIONCTIF.

Au temps present.

S. Velim, *que ie veüille,*
Velis, *que tu veüille,*
Velit, *qu'il veüille.*
P. Velímus, *que nous voulions,*
Velitis, *que vous vouliez,*
Velint, *qu'ils veulent,* *comme* Sim, is, it, &c.

A l'Imparfait.

S. Vellem, *que ie voulusse,*
Velles, *que tu voulusses,*
Vellet, *qu'il voulust.*
P. Vellémus, *que nous voulussions,*
Velletis, *que vous voulussiez.*
Vellent, *qu'ils voulussent,* *comme* Essem, es, et, &c.

L'INFINITIF.

Velle, *vouloir.*

NOLO, *comme* Volo.

L'INDICATIF.

S. Nolo, *ie ne veux pas,*
Nonuis, *tu ne veux pas,*
Nonuult, *il ne veut pas.*
P. Nólumus, *nous ne voulons pas.*
Nonuúltis, *vous ne voulez pas,*
Nolunt, *ils ne veulent pas.*

L'INPERATIF.

S. Noli, *vel* nolíto, *ne veüillez, ou qu'il ne veüille pas.*
P. Nolíte, *ne veüillez pas.*

Le reste comme *volo*, hormis qu'il retient tousjours l'O à l'antepenultiesme, *Nolim, Nollem, Nolle,* &c.

MALO, *comme* Volo.

L'INDICATIF.

Au temps present.

S. Malo, *i'aime mieux.*
Mauis, *tu aimes mieux,*
Mauult, *il aime mieux.*
P. Málumus, *nous aimons mieux,*
Mauúltis, *vous aimez mieux,*
Malunt, *ils aimẽt mieux.*

Il retient l'A par tout, *Malim, Mallem, Malle.*

FERO, *comme* Lego.

L'INDICATIF.

Au temps present.

S. Fero, *ie porte,* fers, fert.
P. Férimus, fertis, ferunt.

L'IMPERATIF.

S. Fer, *vel* ferto.

P. Ferte, *vel* fertóte, ferúnto.

LE SVBIONCTIF.

Au temps present.

S. Ferrem, ferres, ferret.

P. Ferrémus, ferrétis, ferrent.

L'INFINITIF.

Au temps present.

Ferre, *porter.*

LE PASSIF.

S. Feror, ferris, *vel* ferre, fertur.

P. Férimur, ferímini, ferúntur.

EDO, *comme* Lego.

A L'INDICATIF.

Edo, *ie mange,*
Edis, *vel,* es, *tu manges,*
Edit, *vel* est, *il mange.*

A L'IMPERATIF.

Ede, *vel* es;
Edito, *vel* esto, tu *vel* ille.

AV SVBIONCTIF.

S. Ederem, *vel* essem, es et, *ie mangerois.*
P. émus, étis, ent.

A L'INFINITIF.

Edere, *vel* esse,
On dit aussi au Passif,
Editur, *vel* estur.

COMEDO.

A L'INDICATIF.

Comédo, *ie mange,*
Comédis, *vel* comes,
Comédit, *vel* comest.

A L'IMPERATIF.

Comédito; *vel* coméсto, tu *vel* ille.

AV SVBIONCTIF.

S. Coméderem, *vel* coméssem, es, est,
P. émus, étis, ent.

A L'INFINITIF.

Comédere, *vel* comésse.

Il y a encore d'autres Verbes que l'on nomme DEFFECTIFS, c'est à dire à qui il manque quelque chose;

parce qu'ils ne ſe coniuguent que par certains temps & certaines perſonnes.

Les vns n'ont que le Preterit auec les autres temps qui en dépendent, ſous leſquels ils comprenent la ſignification du Preſent & de l'Imparfait, comme

Mémini, ie me ſouuiens, & ie me ſuis ſouuenu.

Meminerã, ie me ſouuenois, & ie m'eſtois ſouuenu.

Meminero, ie me ſouuiendray, & ie me ſeray ſouuenu, &c.

Et de la meſme ſorte ſe coniuguent *Noui*, ie connois, ou i'ay connu; *Odi*, ie hay, ou i'ay haï; *Capi*, ie commence, ou i'ay commencé.

Les autres n'ont que fort peu de temps en vſage, comme

INQVAM, *diſ-je.*	AIO, *ie dis.*
Le preſent.	*Le preſent.*
Inquam, inquis, inquit,	Aio, ais, ait,
Inquimus, inquitis, ínquiũt.	Aimus, áitis, áiunt.
L'Imparfait.	*L'Imparfait.*
Imquiébam, as, at, &c.	Aiébam, as, at, &c.
Le Preterit.	*Le Preterit.*
Inquíſti.	Aíſti.
Le Futur.	*L'Imperatif.*
Inquies, ínquiet, Inquient.	Aï.
L'Imperatif.	*Le Subjonctif.*
Inque, *vel* inquito.	Aïas, áïat.
Le Participe.	*Le Participe.*
Inquiens.	Aïens.

Les aurres n'ont qu'vn ſeul temps ou vne ſeule perſonne, comme

FOREM, *ie ſerois*, es, et,
Plurier, Forent,
Le Futur de l'Infinitif, Fore,
FAXO, *ie feray*,
Faxim, is, it, *que ie faſſe*,
Faxitis, faxint,
AVSIM, *i'oſerois*, is, it,
QVÆSO, *ie prie*,
Quæſumus, *nous prions*,
AVE auéte, *bon-iour*,
SALVE saluéte, ſaluére, *le meſme*.
VALE valéte, *à Dieu*,
CEDO, *dites*, ou *donnez moy*, c'eſt l'Imperatif.
INFIT, *il dit*,
OVAT, *il ſe réjouït*. D'où vient,
Ouans, ouántis, *qui eſt gay & joyeux*.
DEFIT, *pour* deeſt. Deſíeri, *manquer*.

DES PARTICIPES.

LE Participe est vn nom Adjectif formé du Verbe, dont la signification marque quelque temps.

Les Verbes Actifs ont deux Participes; celuy du present terminé en N S, comme *Amans* qui aime; *Legens*, qui lit : Et celuy du Futur terminé en R V S, comme *Amatúrus*, qui aimera; *Lectúrus*, qui lira.

Les Verbes Passifs en ont aussi deux; celuy du Preterit terminé en V S, comme *Amátus*, qui a esté aimé: Et celuy du Futur terminé en D V S, comme *Amandus*, qui sera aimé. Les autres Verbes se reglent sur ces deux-là.

Le Verbe neutre a deux Participes de mesme que l'Actif; comme *Sto* fait *stans*, qui est debout, & *Statúrus*, qui sera debout.

Le Deponent en a trois; deux comme l'Actif; Ainsi *Sequor* fait *Sequens*, qui suit; & *Sequutúrus*, qui suiura. Et vn en V S comme le Preterit Passif; mais qui â pourtant la signification actiue, cõme *Sequútus* qui a suiuy.

Quelques-vns mesmes de ces Verbes ont encore le Participe du Futur Passif, comme celui-cy â *Sequéndus*, qui sera suiuy, *Vtor* â *vténdus*, de qui on se seruira.

Le Verbe Commun en â quatre, deux comme l'Actif, & deux comme le Passif. *Críminor* â *críminans*, qui blasme; *Criminatúrus*, qui blasmera : auec *Criminátus*, qui a blasmé, ou qui a esté blasmé; & *Criminándus*, qui doit estre, ou qui sera blasmé.

ADVERTISSEMENT.

Du Participe du Preterit en V S, se forme le Preterit du Verbe Passif, auec tout ce qui en depend, en y joignant seulement les temps du Verbe SVM, comme i'ay monſtré cy-deſſus dans les Coniugaiſons : Et ce Preterit s'accorde touſiours auec la perſonne ou le Subſtantif, en Genre, en nombre & en Cas.

La meſme choſe ſe doit dire du Futur de l'Infinitif en RVS pour l'Actif, & de celuy en DVS pout le Paſſif, qui ſont formez des Participes auec le Verbe SVM, & qui doiuent pareillement s'accorder auec le Subſtantif.

MAIS REMARQVEZ que le Futur terminé en VM auec l'Infinitif IRI, comme *Amatum iri*, ne ſe decline point ; & qu'il ſe prend touſiours en ſignification Paſſiue, meſme dans les Verbes Deponens & Communs, auſſi bien que le Supin en V, & le Participe en DVS : comme au contraire les Participes en NS & en RVS, gardent touſiours leur ſignification actiue dans ces meſmes Verbes.

DES ADVERBES.

L'Aduerbe eſt vn mot qui eſtant joint aux autres, determine ou ſpecifie leur ſignification.

Les Aduerbes ſont de diuerſes ſortes.

LES VNS MARQVENT LE LIEV.

Pour la queſtion VBI, *Où eſt-il?*
Hic, *icy où ie ſuis*,
Iſtic, *là où vous eſtes*,
Illic, *là où il eſt.*

Pour la queſtion QVO, *Où va-t'il ?*
Huc, *icy où ie ſuis*,
Iſtuc, *là où vous eſtes*,
Illuc, *là où il eſt.*

Pour la queſtion VNDE, *D'où vient-il ?*
Hinc, *d'icy, où ie ſuis*,
Iſtinc, *de là où vous eſtes*,
Illinc, *de là où il eſt*,

Pour la queſtion QVA, *par où a-t'il paſſé ?*
Hac, *par icy où ie ſuis*,
Iſtac, *par là où vous eſtes*,
Illac, *par là où il eſt.*

LES AVTRES SIGNIFIENT le temps.

Hódie, *aujourd'huy*,
Cras, *demain*,
Heri, *hier*,
Perendie, *apres demain*,

Donec, *iusques à ce que*,

Quotídie, *tous les iours*.

LES AVTRES SERVENT pour conter.

Semel, *vne fois*,

Bis, *deux fois*,

Ter, *trois fois*,

LES AVTRES POVR interroger.

Cur? Quare? Quámobrem? Quidíta? *Pourquoy*.

Quorsum? *à quoy bon cela?*

LES AVTRES POVR asseurer.

Etiam, *ouy*,

Certè, *certainement*,

Profèctò, *asseurément*,

Sanè, *certes*,

Scílicet, *sans doute*.

LES AVTRES POVR nier.

Non, Haud, *non*,

Mínimè, *n'enny*,

Nequáquam, *nullement*.

LES AVTRES POVR exhorter.

Eia, Eüge, *courage*,

Age, Agedum; *ô çà*.

LES AVTRES POVR monstrer.

En, Ecce, *le voila, le voicy*.

LES AVTRES MARQVENT la maniere.

Doctè loqui, *parler Sçauamment*,

Pulchrè dixísti, *vous auez bien dit*,

Fórtiter pugnáre, *combattre vaillemment*.

LES AVTRES MARQVENT la quantité.

Multum, *beaucoup*,

Parum, *peu, guieres*,

Mínimum, *le moins du mõde*,

Mínimè, *nullement*,

Valdè, *grandement*,

LES AVTRES LA ressemblance.

Quasi, Ceu, Vt, Vti, Velut, Véluti, Sic, Sicut; *comme*

Ita, *ainsi*

Tanquam, *de mesme que*.

LES AVTRES SERVENT pour appeller.

O, Heu, Hem.

Les Aduerbes terminez en E, & en ER, se comparent ainsi

Doctè, *doctement*; Dóctius, *plus doctement*, Doctíssimè, *tres-doctement*.

Fórtiter, *fortement*; Fórtius, *plus fortement*. Fortíssimè, *tres-fortement*.

DES PREPOSITIONS.

Les Prepositions sont des Particules qui se mettent deuant les autres mots, soit separément, comme *Apud patrem*, chez mon Pere; soit en composition, comme *Condúco*, ie conduits.

Il y en a qui sont inseparables, c'est à dire, qui ne se trouuent que dans la composition des mots.

DI, Didúco, *escarter & ouurir*,

DIS, Dístraho, *separer*, *escarter*,

RE, Recípio, *receuoir*, *promettre*,

SE, Sécubo, *coucher à part*,

AM, Ampléctor, *embrasser*,

CO, Cohæreo, *tenir ensemble*,

CON, Condúco, *conduire*, *prendre à louage*.

Il y en a 30. qui gouuernent l'Accusatif.

Il y en a 15. qui gouuernent l'Ablatif.

Il y en a 4. qui gouuernent tantost l'Accusatif, & tantost l'Ablatif.

On les peut voir toutes dans la Syntaxe. *pag. 192*.

DES CONIONCTIONS.

Les Conjonctions sont des Particules qui seruent à joindre & vnir ensemble les mots & les periodes dans le discours.

Les vnes servent à vnir les choses.

Et, Que, Quoque, Etiam, Atque, Ac, *&*, *aussi*.

Prætéreà, *dauantage*,

Cum, Tum; *non seulement*, *mais aussi*

Les avtres povr separer, comme

Aut, Vel; *ou*

Siue, *soit que.*

LES AVTRES POVR conclure.

Ergo, Igitur, *donc,* Ideò, *partant,* Quámobrem, Quócirca, Proínde; *c'est pourquoy.*

LES AVTRES POVR faire distinction.

Sed, Enim, At, Atqui, Autem, Verò, Porrò, Céterum; *mais.*

LES AVTRES POVR rendre raison.

Nam, Namque, Enim, Etenim, *car.*

Quod, Quia, Proptéreaquod, Quippe, Vtpote, Síquidem, *parce que.*

DES INTERIECTIONS.

LEs Interjections sont des Particules qui s'entremettent parmy le discours, & qui ne seruent que pour marquer les diuerses affections ou passions de celuy qui parle.

LES VNES MARQVENT la joye, comme

O, Euax.

LES AVTRES EXPRIMENT la douleur.

Heu, Hei, Ah.

LES AVTRES FONT VOIR l'indignation.

Proh, Heu.

LES AVTRES TESMOIGNENT de l'admiration.

Pape, Hui, O.

Et ainsi des autres, ce que l'Vsage fera assez connoistre.

FIN.

www.ingramcontent.com/pod-product-compliance
Ingram Content Group UK Ltd.
Pitfield, Milton Keynes, MK11 3LW, UK
UKHW021819190726
13853UKWH00003B/1072